APRENDE A GESTIONAR LOS PERIODOS DE CRISIS LABORAL

Las claves para mantenerlo todo bajo control

Por Véronique Bronckart
Traducido por Laura Soler Pinson

Coaching en50MINUTOS.es

CÓMO REACCIONAR EN MOMENTOS DE CRISIS

- **¿Problemática?** ¿Qué medios materiales y humanos aplico para reaccionar con rapidez ante una crisis y solucionarla eficazmente?
- **¿Utilidad?** Atenuar los efectos adversos inmediatos, reconducir la situación y extraer las enseñanzas necesarias para prevenir la próxima crisis.
- **¿Contexto profesional?** Gestión y anticipación de crisis, resolución de conflictos, gestión, recursos humanos.
- **¿Preguntas frecuentes?**
  - ¿A qué nos referimos con situación de crisis?
  - ¿Quién puede verse enfrentado a una situación de crisis?
  - ¿Quién debe dar la voz de alarma?
  - ¿Cómo resuelvo una situación de crisis?
  - ¿Cómo debemos comunicar durante una crisis?
  - ¿Tengo alguna posibilidad de superar la crisis si no he previsto un plan de gestión?
  - ¿Qué consecuencias psicológicas puede acarrear una mala gestión de crisis?
  - ¿Qué errores debo evitar para reducir los daños al mínimo?

Toda empresa, ya sea multinacional o local, de un sector de producción o del sector servicios, puede verse enfrentada en cualquier momento a una situación de crisis. Este trance, que a veces se produce de improviso, daña la reputación de la empresa y pone trabas a su buen funcionamiento, e incluso puede llevarla a la quiebra en el peor de los casos. Por lo tanto, resulta fundamental que sepamos gestionarla correctamente para recuperar un clima de confianza y de seguridad con empleados, dirigentes, proveedores y clientes, y para reanudar la actividad.

Independientemente de si la crisis es de orden económico, social o medioambiental, o si la origina un factor interno o externo a la empresa, se necesitan múltiples aptitudes de gestión para resolverla. Estas nos permitirán gestionar el estrés, reaccionar con rapidez e inteligencia, comunicar de manera adecuada y, finalmente, sacar conclusiones para evitar que se repita. Actualmente, la gestión de crisis se ha convertido en una herramienta estratégica fundamental dentro de las empresas.

A lo largo de estas páginas, descubrirás las distintas etapas de un proceso eficaz de gestión de una situación de riesgo, aprenderás a sacar provecho de este tipo de coyuntura y a identificar mejor los factores de riesgo. Analizaremos igualmente la importancia de una comunicación interna y externa adaptada al contexto, la relación con la prensa y el impacto de las redes sociales. No vuelvas a permitir que tu empresa se vea amenazada y conviértete en un auténtico profesional de la gestión de crisis.

EL ABECÉ DE UNA CRISIS BAJO CONTROL

COMPRENDER UNA SITUACIÓN DE CRISIS

¿Qué es una situación de crisis?

Se trata de una situación que pone en peligro los objetivos o la supervivencia de una empresa y en la que debe tomarse una decisión en un plazo relativamente corto. En función de su nivel de gravedad y de su impacto en la compañía, la definiremos como «de crisis». Así, si nos encontramos con unas circunstancias adversas que tengan poca repercusión en la empresa o en su entorno, no consideraremos que se trata de una situación de crisis. Esta puede ser previsible o no. De hecho, a veces, al analizar el contexto interno de la compañía podemos identificar los diferentes factores de riesgo, lo que nos permite anticipar los posibles problemas. No obstante, por lo general, los factores externos son imprevisibles.

La situación de crisis puede resultar de varios contextos que interactúan, como la economía, la política, lo institucional, las relaciones humanas, la ética, la técnica, la justicia y los medios de comunicación. Así, se trata de causas muy variadas que pueden ser de orden natural, tecnológico, medioambiental o humano. Tal y como muestra el esquema que presentamos a continuación, estos distintos factores están relacionados entre sí e influyen en la empresa, aunque también puede suceder en el sentido contrario. De esta manera, un acontecimiento que tenga impacto en uno de los contextos podrá repercutir directamente en la compañía o en otro factor que, a continuación, afectará a otro ámbito, y así sucesivamente, como un castillo de naipes que se desmorona.

Los posibles orígenes de la crisis

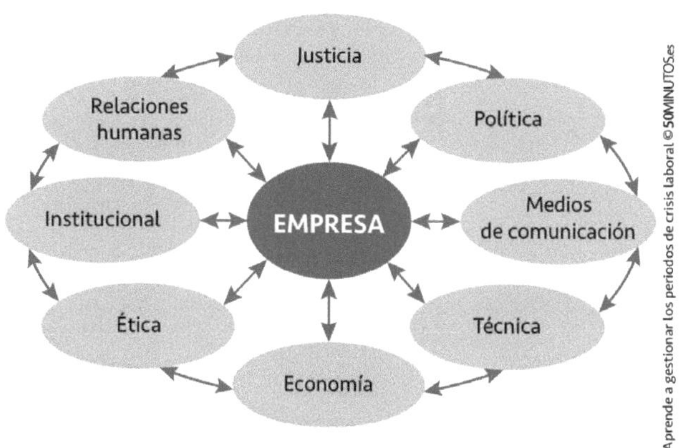

En el día a día, una empresa se enfrenta a muchos problemas. La mayor parte del tiempo, se resuelven rápidamente, pero puede suceder que vayan a más. Cuando se identifican los factores de riesgo y se instaura con antelación una política de gestión de riesgos, se trata de una «situación de crisis potencial». Si constatamos que estos elementos se van acumulando sin que se tomen las riendas de la coyuntura, hablamos entonces de «situación de crisis declarada». En términos generales, un marco de esta naturaleza está conformado por una serie de etapas y se desarrolla de la siguiente manera:

Proceso de la gestión de crisis

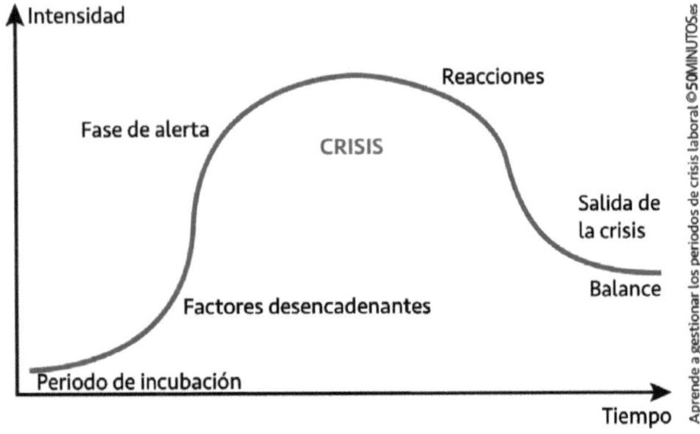

Los factores de riesgo

Una situación de crisis es el resultado de la acumulación de factores de riesgo. Estos últimos pueden proceder del marco interno o externo de la empresa, y cada uno influye en los demás. Aprende a identificarlos para prever mejor sus consecuencias.

Los factores de riesgo

Factores de origen externo	Factores de origen interno
• Competencia agresiva. • Nueva legislación que implica una reorganización funcional. • Deslocalización o fusión de centros. • Comunicación con el objetivo de destruir la imagen de la compañía (escándalo, publicidad negativa). • Ataques a los empleados por parte de un cliente o de un proveedor. • Cancelaciones consecutivas de los pedidos. • Cese del trabajo de uno de los principales proveedores (huelga o quiebra).	• Errores de decisiones irrevocables. • Reglamento interno demasiado rígido o poco preciso. • Ausencia de comunicación, rumores. • Incapacidad de previsión de los dirigentes. • Reestructuración y reorganización del trabajo. • Supresión de un servicio. • Deficiencia técnica y averías. • Errores humanos. • Personal insuficiente, agotamiento. • Conflictos.

¿Qué impacto tiene en la empresa?

No importa si la crisis surge por un error de decisión, por un malestar social o por un acontecimiento externo imprevisible, ya que siempre provoca una ruptura del sistema de referencias y acaba con el equilibrio general. Si no tenemos la crisis bajo control, puede originarse un efecto directo sobre los actores de la empresa. De hecho, estos últimos, con información escasa o nula, pueden pensar que están en un ambiente inseguro, crear rumores o sentirse excluidos de la situación, lo que generará una desmotivación que conllevará un descenso de la rentabilidad y, por lo tanto, perjudicará la economía de la empresa. Por consiguiente, resulta fundamental la comunicación con los empleados en tales circunstancias para tranquilizarlos, apoyarlos e implicarlos en el proceso de resolución. Según el tipo de crisis al que se enfrente la compañía, los daños también pueden afectar al material o a los locales (y provocar una ralentización o una interrupción de la producción), alterar la imagen de la empresa o, en el peor de los casos, llevar a un despido del personal y a la quiebra de la compañía.

PREVENIR LA CRISIS

Prevenir la crisis significa ser capaces de responder y de reaccionar frente a situaciones que jamás hemos vivido y, a veces, de aparcar una serie de creencias y de métodos a los que nos habíamos acostumbrado para adaptarnos a la novedad. Para ello, se necesita una excelente preparación. Por consiguiente, para ofrecer una respuesta óptima ante una situación similar, debemos seguir un proceso de gestión de crisis, cuyo objetivo será la identificación de los factores de riesgo, principalmente a través de una auditoría, y la implementación de acciones concretas con las que se reduzcan al máximo las posibles repercusiones en la empresa.

Identificar los objetivos de la empresa y determinar los riesgos

La primera etapa importante pasa por identificar los objetivos de la empresa. Una vez que se han definido, podremos determinar qué factores pueden constituir un obstáculo para alcanzarlos y cuáles no representan un peligro.

Tendremos que llevar a cabo acciones de prevención únicamente sobre los elementos de riesgo.

Para identificar los posibles peligros, debemos analizar los puntos débiles de la empresa. Podemos implementar este proceso de forma interna parcialmente a través de la creación de una célula de seguimiento o de una célula de gestión de crisis. Sin embargo, para completar el estudio de la compañía, podemos recurrir a un profesional externo que elabore una auditoría de la empresa con una visión más global y más objetiva. El análisis deberá tener en cuenta todos los parámetros inherentes al contexto interno y externo de la empresa, evaluará sus puntos fuertes y débiles y clasificará los riesgos en función de su nivel de gravedad y de su probabilidad. Este diagnóstico servirá de hilo conductor para programar las acciones de prevención.

El mapa de los riesgos de crisis

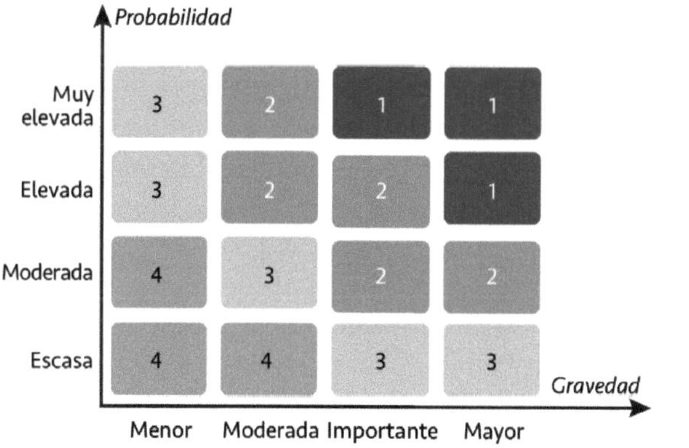

El plan de gestión de crisis

Una vez que hemos identificado los riesgos, conviene que desarrollemos un plan de gestión de crisis que reúna todos los métodos y las herramientas adaptadas a la urgencia de la situación. Se trata principalmente de:

- instaurar sencillos procedimientos de alerta (¿quién lo activa? ¿Cómo?) y de gestión de víctimas;
- desarrollar un plan de comunicación eficaz y preciso;
- elaborar un plan de continuidad de actividades;
- definir los actores y las funciones de la célula de crisis;
- formar a los portavoces de la empresa en gestión de los medios de comunicación;
- preparar a los empleados gracias a ejercicios de simulación.

Podemos crear un documento escrito (el plan de gestión de crisis) que contenga estos datos y que se reduzca a lo esencial para que resulte lo más eficaz posible. Actualizaremos este plan periódicamente para que pueda aplicarse cuando llegue el momento y en él incluiremos todos los tipos de crisis posibles (jurídicas, financieras, etc.). Durante esta fase de prevención, también consideraremos acciones que permitan limitar el impacto y los daños colaterales en caso de que se produzca una crisis. Tratarán estos puntos, entre otros:

- la preservación de la imagen de la empresa, comunicando a proveedores/clientes cuáles son sus valores y los medios que se aplican para respetarlos;
- la reducción del impacto de los medios de comunica-

ción en tus empleados, brindándoles la información sobre la situación para evitar que se produzcan malinterpretaciones;
- y la ayuda a las familias afectadas gracias a un apoyo psicológico.

El plan de comunicación

Aunque solo se trata de un elemento más de un plan más global, el plan de comunicación de crisis (PCC) es fundamental y, sobre todo, es un punto que no debemos descuidar. Para elaborarlo de manera eficaz, tendremos que respetar algunas etapas:

- identificar a los distintos destinatarios (medios de comunicación, público, empleados de la compañía, autoridades, clientes);
- definir los objetivos de comunicación y los soportes adaptados para cada destinatario;
- detallar el contenido de cada acción (temas abordados, mensajes clave, emisor, frecuencia, etc.);
- establecer medios con los que hacer un seguimiento de los resultados de estas acciones.

El plan de continuidad de las actividades

El plan de continuidad de las actividades (PCA) abarca todos los procedimientos y las operaciones que permiten que se mantenga la actividad de la empresa durante la crisis y, por lo tanto, que quede garantizada una cierta seguridad financiera. Está formado por dos partes (según la empresa y el tipo de incidente):

- **el plan de continuidad informática (PCI)**, que incluye los elementos vinculados al buen funcionamiento del sistema informático;
- **el plan de continuidad operativa (PCO),** que se centra en los *modus operandi* y en los requisitos laborales (es decir, los términos de la profesión, lo que debemos realizar para producir valor).

Si garantizas tus servicios o las entregas a tus clientes, te ganarás su confianza y les demostrarás tu fiabilidad. Además, los empleados estarán motivados y tranquilizados al comprobar que la empresa ha puesto todos los medios para mantener la actividad. El contenido del PCA se desarrollará en función de la situación:

- en caso de una crisis vinculada al cese del abastecimiento, planteará una alternativa en la que se utilice otra materia prima o en la que se acuda a un nuevo proveedor para seguir con la producción;
- en el caso de una crisis vinculada al medioambiente (inundación, incendio), preverá material suplementario operacional durante los arreglos.

EL RPO Y EL RTO

El PCA también introduce las nociones de objetivo de punto de recuperación y de tiempo objetivo de recuperación (RPO y RTO respectivamente, por sus siglas en inglés). El primer concepto corresponde a la duración entre el incidente y la última copia de seguridad de datos, y define así la cantidad de información que podemos llegar a perder. El segundo define el plazo necesario para una reanudación correcta de los servicios profesionales. Es necesario fijar estos dos criterios para elaborar un PCA eficaz.

La preparación de estos distintos planes de anticipación te asegura una reducción de los errores en las decisiones tomadas bajo presión y un ahorro de tiempo valioso cuando llegue la crisis.

La célula de crisis

La resolución de una crisis depende de la situación, del origen y del nivel de gravedad. Sin embargo, observamos una constante: la capacidad para movilizar actores clave que ayudarán a encontrar soluciones. Para eso sirve la célula de crisis, que debe estar conformada por un número restringido de miembros, entre los que se encontrarán:

- un gestor de crisis (el responsable en general);
- un coordinador encargado de establecer el vínculo entre la célula y el resto de la empresa;
- un responsable de comunicación;
- un psicólogo (en función de la gravedad de la crisis);
- especialistas relativos a la problemática (jurista, experto medioambiental, científico, responsable de la seguridad de los sistemas informáticos, etc.).

Este equipo debe estar disponible en cualquier momento y dispuesto a actuar rápidamente. Por lo tanto, tiene que recibir una formación y un entrenamiento para responder ante cualquier tipo de situación.

Una reactividad inmediata

Cuando tiene lugar una crisis, conviene que reaccionemos al instante estableciendo un diagnóstico preciso de la coyuntura con el que determinaremos la gravedad y tomaremos una decisión coherente, pertinente y rápida sin que el estrés nos invada. Este es el papel de la célula de crisis que, en este punto, se reúne con la mayor brevedad posible y garantiza una coordinación con los colaboradores externos (expertos, juristas) para coordinar y aunar esfuerzos de manera óptima, mientras intenta mantener la coherencia de las intervenciones. Las acciones implementadas para poner un remedio a la situación solo resultarán eficaces si son inmediatas. En efecto, se inicia una auténtica carrera contrarreloj. Según el nivel de gravedad y para limitar los daños, la célula de crisis también ofrecerá un apoyo psicológico a las personas perjudicadas por la situación, ya se trate de empleados o de sus actores.

PEQUEÑO PLUS

Reacción no rima con precipitación. Cuando actuamos bajo los efectos del estrés o del pánico, somos más propensos a adoptar malas decisiones. A pesar de la urgencia de la situación, tómate tu tiempo para reflexionar y rodearte de expertos que te brindarán consejos pertinentes. Por eso resulta necesario contar con una buena preparación.

La importancia de la comunicación

Uno de los aspectos capitales de una buena gestión de crisis es la comunicación. De hecho, resulta muy importante adoptar una comunicación interna clara para limitar el tiempo de reacción y tranquilizar a los empleados. También es fundamental la comunicación externa a través de los medios de comunicación y de las redes sociales para informar a la población y para preservar la imagen de la empresa.

- **La comunicación interna:** a menudo, los empleados son las primeras víctimas de una situación de crisis. Por lo tanto, resulta esencial que optemos por una estrategia de comunicación interna transparente con la que se les avise de los riesgos que corre la empresa y con la que evitemos que se enteren después de la mala noticia por el telediario o por rumores. Informarlos de antemano con claridad reforzará su sentimiento de pertenencia a la compañía y mantendrá su confianza, y esto podría servirte de ayuda en el momento crítico. La comunicación interna también es importante para facilitar y acelerar la implementación de acciones que la célula de crisis ha decidido. Esta conversará con el resto de la empresa con ayuda de herramientas fiables como el teléfono (fijo o móvil), los correos electrónicos, el plan de gestión de crisis o la agenda de contactos que permite contactar a cualquier persona útil o afectada por el incidente. Algunas células también cuentan con una plataforma web interna. Se trata de un espacio reservado para este tipo de situaciones que facilita la comunicación dentro del grupo y que ofrece un cuadro de seguimiento del incidente para conocer en tiempo real su evolución, las decisiones adoptadas y las acciones que se han tomado, así como el progreso de estas últimas señales de aviso si se sobrepasan los plazos fijados. Informa igualmente a tus colaboradores en cuanto se confirme un primer triunfo. Así, volverás a motivarlos y los tranquilizarás con un mensaje que todavía considere posible el éxito de la empresa.

- **La comunicación externa:** es fundamental para informar al mundo exterior acerca de la situación de la empresa (los clientes, los proveedores, los socios, la población y las asociaciones) y para preservar su imagen. Así, no descuides tu relación con los medios de comunicación, ya que ellos transmitirán la información al público. Por consiguiente, asegúrate de que transmites los datos exactos, pero que también te beneficien, para no hundir aún más tu empresa. Los medios sociales te brindan la oportunidad de comunicar periódicamente de manera casi instantánea sobre los hechos; de esta manera, puedes evitar los rumores y las noticias falsas mientras tranquilizas al público y a los clientes. La comunicación externa de crisis a través de las redes sociales también permite cuidar la imagen digital de la empresa, llamada reputación *online*. Por otra parte, este sistema de seguimiento te permitirá estar al tanto de las noticias que circulan sobre tu compañía y te ofrecerá la posibilidad de introducir modificaciones si fuera necesario.

UNA COMUNICACIÓN DE CRISIS EFICAZ: EL EJEMPLO DE FINDUS

En febrero de 2013, tras una inspección, la marca Findus reconoce que sus lasañas de ternera llevan, en realidad, carne de caballo. Reacciona en seguida gracias a un plan de comunicación de crisis eficaz basado en tres puntos:

- la marca saca a la luz el escándalo y demuestra que se toma muy en serio tanto esta crisis como el bienestar de sus clientes, retirando de la venta todos los productos que se encuentran en el mercado;
- mantiene una total transparencia a través de los medios de comunicación y se compromete a realizar pruebas de ADN en todos los productos que contengan ternera;
- se posiciona del lado de los consumidores y, como ellos, se cuelga el cartel de víctima, achacando toda la responsabilidad a sus proveedores.

Las actitudes de comunicación adecuadas en momentos de crisis

Los errores comunes que deben evitarse	Las actitudes positivas
• Evadir responsabilidades y acusar a los demás. • Jugar todas las cartas de golpe. • Mentir. • Callar, corriendo el riesgo de alimentar la imaginación de los medios de comunicación. • Contradecirse. • Hablar para no decir nada. • Anunciar una información que no se ha comprobado.	• Reconocer y aceptar la crisis. • Demostrar empatía con las víctimas. • Ser transparente y, a la vez, mantener ciertos límites. • Hablar del futuro y de las decisiones que se han tomado para resolver la crisis. • Relativizar y positivizar.

SALIR DE LA CRISIS

Una vez que la empresa ha salido de la crisis, debes tener en cuenta que, aunque lo peor ha pasado, el asunto todavía no ha concluido. Esta etapa es determinante para el futuro y, sobre todo, sirve para restablecer la confianza de los empleados, de los clientes, de los proveedores, de las autoridades y de los medios de comunicación, y también para aprender la lección, algo que te ayudará a evitar que se repita la misma situación más adelante.

Tal y como sucede con cualquier acontecimiento que influye a la empresa, es aconsejable elaborar un informe conversando directamente con las personas afectadas e identificando los puntos de mejora. En concreto, es conveniente llevar a cabo una auditoría después de la crisis que se base en la auditoría del principio. Con ello, se trata de definir los factores de riesgo que siguen existiendo y de adaptar el proceso de gestión de crisis que permita reducir aún más la probabilidad de que se reproduzca una situación similar y el posible impacto en la empresa. La célula de gestión de crisis, tomando como base este nuevo informe, adecuará las acciones de prevención del nuevo proceso de gestión de crisis.

Para acabar, la empresa debe usar esta experiencia para volver a tomar impulso y fortalecerse. Aprender de nuestros errores nos permite evolucionar y mejorar. Para estimular tu actividad y a tus colaboradores, define un nuevo objetivo y un plan de batalla para lograrlo.

LAS CUALIDADES DE UN BUEN GESTOR DE CRISIS

- Ser optimista. Si se gestiona bien la crisis, de ella pueden derivar cosas buenas.
- Ser consciente de la situación y no intentar la técnica del avestruz: la situación no mejorará si te escondes. Afróntala.
- Anticipar lo improbable y los efectos en cadena.
- Analizar los asuntos con perspectiva.
- Mostrar sentido común y facultad de análisis.
- Actuar con tranquilidad. Si eres directivo y te dejas llevar por el pánico, tus empleados seguirán tu ejemplo. Mantén la calma.

LOS MEJORES CONSEJOS

- **Contacta a nuevos proveedores.** No dependas de uno solo, puesto que corres el riesgo de que te arrastre si cae. Piensa en una vía de escape contactando a dos o tres proveedores a la vez. Tampoco descuides la búsqueda de nuevos socios que podrían convertirse en grandes aliados llegado el momento.
- **Demuestra transparencia en tu comunicación interna y externa.** Esto evitará que se produzcan distorsiones de la información. Además, la célula de gestión de crisis debe validar cualquier decisión antes de comunicarla a todos los empleados o a los medios de comunicación. Para acabar, no solo es importante que te expreses de manera clara para que el público y el personal de la empresa te entiendan (evita los términos específicos), sino también de forma honesta, empática y modesta.
- **Cuida tus relaciones y tu publicidad.** Tu credibilidad y tu salida de la crisis dependen de ello. Transmitir una imagen de marca fuerte y segura durante la resolución de la crisis te permitirá conservar una gran parte de tus clientes. Si, por el contrario, la descuidas, puede que estos salgan corriendo hacia el primer competidor que aparezca.
- **Reúne a todos tus empleados en torno a un proyecto de salida de crisis.** Tanto los periodos de crisis como los momentos prósperos propician que se estrechen vínculos dentro de la empresa. Cuando favoreces la implicación y la solidaridad de los empleados, aumentas tus posibilidades de invertir la situación.

- **No cedas ante el estrés y el pánico.** Para afrontar una situación de crisis adecuadamente, debes ser capaz de gestionar tu estrés. Si no es así, corres el riesgo de caer presa de pánico, de cometer errores y de tomar decisiones precipitadas, poco coherentes, que te llevarán a fracasar en tu objetivo de resolver la situación. Anticipar la crisis te quitará un primer peso de encima. A continuación, para evitar ceder ante el estrés, rodéate de personas competentes en la materia. Asimismo, relativiza la situación y ejercita tu respiración cuando te sientas angustiado. No dudes en seguir una formación de gestión del estrés, en consultar a un *coach* que pueda prepararte para este tipo de situaciones, y en practicar actividades de relajación como el yoga o la sofrología. Los miembros de la célula de gestión de crisis también deben estar preparados psicológicamente, ya que ellos están en primera línea de batalla y, por lo tanto, están sometidos al mayor estrés.
- **Pregúntate cómo la empresa puede sacar provecho de esta experiencia.** El economista francés Jean Monnet (1888-1979) declaró: «Los hombres solo aceptan el cambio resignados por la necesidad y solo ven la necesidad durante la crisis» (Ríos Ríos). La situación de crisis podría brindar la ocasión para replantear la organización de la empresa e innovar.
- **Aprende de tus errores.** Una vez que ha pasado la crisis, es el momento de hacer balance y de analizar cómo se ha gestionado. Evalúa los daños, identifica los factores de riesgo que siguen existiendo e intenta solucionarlos. Nuestra recomendación es que establezcas un nuevo diagnóstico y lo compares con el antiguo para adaptar las acciones de prevención.

- **Sigue planeando.** Si tuvieras que quedarte con un único consejo, tendría que ser este. Elabora acciones en función de los posibles riesgos para poder enfrentarte a ellos. Por ejemplo, para los factores humanos, guarda en tu agenda a personas que tengan las mismas competencias que tus empleados, y que podrían sustituirlos si se ausentan. En cuanto a los riesgos técnicos, anticipa las posibles necesidades de formación de tu equipo.

PREGUNTAS FRECUENTES

¿A QUÉ NOS REFERIMOS CON SITUACIÓN DE CRISIS?

Una situación de crisis se desata cuando un acontecimiento puede llegar a perjudicar la consecución de los objetivos de la empresa o su imagen, o pone en riesgo su funcionamiento y su supervivencia. Durante este periodo, el sistema de referencias no está claro, lo que genera un ambiente de confusión. Unos ejemplos de esta coyuntura serían la fuga de un producto tóxico, el cese de abastecimiento de materias primas, la huelga de empleados o, también, la degradación de la imagen de la marca de la empresa a través de una crítica mediática.

¿QUIÉN PUEDE VERSE ENFRENTADO A UNA SITUACIÓN DE CRISIS?

Cualquier empresa o comercio puede verse en esta posición. La crisis no tiene por qué deberse a un acontecimiento grave relacionado con una situación económica o medioambiental. De hecho, puede originarse a partir de muchos factores internos o externos. Así, para un pequeño comerciante de proximidad, un cliente descontento que publica una crítica agresiva en las redes sociales puede desencadenar una situación de crisis.

¿QUIÉN DEBE DAR LA VOZ DE ALARMA?

Lo ideal es que cualquier empleado de la empresa que observe un posible problema que pueda llevar a una crisis importante se sienta obligado a avisar a su superior directo, que se encargará de elevar la advertencia. Dependiendo de lo que la célula de crisis haya definido, el responsable del grupo o el responsable de comunicación dará la voz de alarma de manera más general a todos los asalariados y a los medios de comunicación.

¿CÓMO RESUELVO UNA SITUACIÓN DE CRISIS?

La mejor forma de gestionar una situación de crisis es estar preparado para afrontarla. Para ello, debes trabajar sobre este asunto con antelación. En particular, elaborarás un diagnóstico de la empresa para identificar los factores de riesgo internos y externos. Esto te permitirá instaurar acciones de prevención gracias a la creación de una célula de gestión de crisis y a la elaboración de los distintos planes de acción. Sé paciente y no cedas ante el pánico, ya que rara vez una crisis se resuelve en unos días. Mantén tu optimismo y resiste, no tardarás en ver la luz al final del túnel.

¿CÓMO DEBEMOS COMUNICAR DURANTE UNA CRISIS?

Nuestra recomendación es que adoptes una comunicación que todo el mundo entienda y que evites al máximo los términos específicos que podrían generar incomprensiones y malentendidos. Tendrá que realizarse lo más rápidamente posible en cuanto se detecte la situación de crisis. En caso de una crisis potencial, aconsejamos avisar a los empleados antes de que se declare realmente para acabar con los rumores y las especulaciones, ya que solo servirán para agravar la situación. Para que esta comunicación sea óptima, deberá ser regular y tendrá que adaptarse en función de la evolución de los acontecimientos. Los mensajes se transmitirán a través de los medios de comunicación, las redes sociales y, también, durante los encuentros con los empleados y con las organizaciones de defensa afectadas (consumidores, vecinos, ecologistas, etc.).

¿TENGO ALGUNA POSIBILIDAD DE SUPERAR LA CRISIS SI NO HE PREVISTO UN PLAN DE GESTIÓN?

Un plan de gestión de crisis es una herramienta innegable para un buen dominio de la situación. Si no has definido este programa previamente, tendrás que contar con las habilidades necesarias para enfrentarte a la situación con carácter de urgencia, tener al alcance de la mano listas de contactos, actuar rápidamente por reflejo para reunir a los expertos que tendrán que intervenir y tomar decisiones eficaces con presteza. Cuando nos encontramos en una situación de crisis, que suele ser desestabilizadora y venir repleta de estrés, resulta difícil mantener la objetividad y controlar los acontecimientos en condiciones óptimas. Por ello, es altamente recomendable tener un plan de gestión de crisis. Sin embargo, si has descuidado este punto, no debes pensar que tu empresa está abocada al fracaso; sin duda, tanto esta como tus empleados poseen los recursos necesarios para volver a tomar impulso.

¿QUÉ CONSECUENCIAS PSICOLÓGICAS PUEDE ACARREAR UNA MALA GESTIÓN DE CRISIS?

Si se produce una mala gestión de crisis, podemos observar consecuencias psicológicas en los actores de la célula de crisis y en los empleados de la empresa. Estas consecuencias pueden alcanzar un nivel de gravedad diferente: desmotivación, pérdida de concentración, irritabilidad, depresión o, incluso, síndrome de desgaste profesional. Por consiguiente, es importante que nos las tomemos en serio y que ofrezcamos un marco psicológico dirigido por especialistas.

¿QUÉ ERRORES DEBO EVITAR PARA REDUCIR LOS DAÑOS AL MÍNIMO?

Para limitar los daños, evitaremos obligatoriamente esconder la realidad de los hechos al personal de la empresa para no dar pábulo a rumores que puedan agravar la situación. Ponerse una venda en los ojos y mantenerse en un estado de negación tampoco solucionará las cosas. Además, si no tenemos en cuenta las repercusiones en la salud mental de los empleados y en la economía de la empresa, cometeremos un error con su consiguiente impacto.

¡AHORA ES TU TURNO!

DIARIO DE A BORDO DE LA GESTIÓN DE CRISIS

Este diario de a bordo te acompañará durante las distintas etapas de la crisis.

Diario de a bordo de la gestión de crisis

Auditoría-Diagnóstico	¿Quién realiza la auditoría? ¿Cuándo? ¿Con qué método? ¿Qué contextos se tienen en cuenta (factores internos o externos)? ¿Planificación para la elaboración del diagnóstico?
Factores de riesgo internos (actuar de la misma manera para los factores de riesgo externos)	¿Qué tipos de factores se han identificado (técnicos, humanos, otros)? ¿Cuál es su grado de probabilidad y de gravedad? ¿Cómo contrarrestarlos? ¿Qué acciones y reacciones implementamos si se produce una crisis vinculada a cada factor?
Creación de una célula de gestión de crisis	¿Quién la conforma? ¿Qué papel desempeña cada uno? ¿Cómo funciona? ¿Qué proceso se sigue con respecto a las advertencias y a la gestión de crisis? ¿Qué modos de comunicación se han fijado dentro de la célula? ¿Se reúne periódicamente o solo en caso de crisis?
Elaboración de un plan de gestión de crisis	¿Qué plan de comunicación se ha elaborado? (¿Quién hace qué? ¿Cómo?) ¿Se han creado archivos de contactos? ¿Se ha redactado el plan de seguimiento de las actividades?
Acciones de prevención	¿Qué acciones se definen? ¿Con qué planificación? ¿Se van a organizar formaciones, una preparación psicológica y ejercicios de simulación?

Diario de a bordo de la gestión de crisis

Gestión de crisis	¿Quién da la voz de alarma? ¿Qué organización existe para el tiempo de reacción y la toma de decisiones? ¿Cuál es la planificación prevista para las intervenciones? ¿Cuáles son los medios de comunicación que se han definido? ¿Qué apoyo exterior se prevé (expertos)? ¿Qué apoyo se prevé para las personas afectadas? ¿Cuál es el resultado deseable?
Feedback	¿Han sido eficaces las decisiones adoptadas? ¿Qué hay que mejorar?
Nueva auditoría	Una vez elaborada, compárala con la antigua.
Nuevo plan de acción de prevención y de gestión de crisis	¿En qué punto nos encontramos con respecto al modo de funcionamiento inicial? ¿Estamos preparados para reaccionar ante una nueva crisis?

PARA IR MÁS ALLÁ

FUENTES BIBLIOGRÁFICAS

- Gestion de crise, "Réagir à la crise: les principes clés". Consultado el 14 de marzo de 2017. http://www.gestiondecrise.com/reagir-a-la-crise-les-principes-cles/
- Gorius, Aurore. 2013. "Réussir sa com' de crise: 5 exemples à la loupe". *Journal du net*. 15 de julio. Consultado el 14 de marzo de 2017. http://www.journaldunet.com/management/direction-generale/communication-de-crise/
- Loury, Catherine. 1999. *Management des situations de crise. De la stagnation à la croissance*. París: FMK Consulting.
- Maisonneuve, Danielle, Catherine Saouter y Antoine Char. 2001. *Communication en temps de crise*. Quebec: Presses de l'Université du Québec.
- Pardini, Gérard. 2010. *La gestion de crise*. París: INHESJ.
- Ríos Ríos, Freddy. 2017. "¿Venezuela es Estado Parte de Mercosur?" *Noticias en la red*. 23 de febrero. Consultado el 20 de marzo de 2017. http://www.noticiasenlasredes.com/2017/02/venezuela-es-estado-parte-de-mercosur.html

FUENTES COMPLEMENTARIAS

- Combalbert, Laurent y Éric Delbecque. 2012. *La gestion de crise*. París: PUF.
- Combalbert, Laurent. 2012. *Le management des situations de crise. Anticiper les risques et gérer les crises.*

Nogent-le-Rotrou: ESF éditeur.

- Darsa, Jean-David. 2013. *La gestion de crise en entreprise.* Le Mans: Gereso.
- Heiderich, Didier. 2010. *Plan de gestion de crise.* París: Dunod.
- Libaert, Thierry. 2015. *La communication de crise.* París: Dunod.

en50MINUTOS.es
Historia
Economía y empresa
Coaching
Book Review
Salud y bienestar
EL DIAGRAMA DE ISHIKAWA
Material Método Máquina
Madre Naturaleza Medida Hombres
LA GUERRA DE PALESTINA DE 1948
DOMINA EL ARTE DEL NETWORKING
¡APRENDER NUNCA ANTES FUE TAN RÁPIDO!
www.en50minutos.es